PROCÈS

DU MARÉCHAL-DE-CAMP,

BARON DEBELLE,

OFFICIER DE LA LÉGION D'HONNEUR,

Contenant la séance du Conseil de guerre permanent de la 2me. division militaire, les pièces du procès, le plaidoyer de Me Berryer, les conclusions du rapporteur, le discours du général Debelle, le jugement qui le condamne à la peine de mort, et la commutation de cette peine en une détention pendant dix ans;

Précédé d'une Notice historique sur ce Général.

A PARIS,

Chez
{
PLANCHER, Éditeur de la Collection générale des Procès jugés en vertu de l'Ordonnance du Roi du 24 juillet 1815, rue Serpente, n°. 14;
EYMERY, Libraire, rue Mazarine, n°. 30;
DELAUNAY, Libraire, au Palais Royal.

1816.

NOTICE HISTORIQUE.

Ce siècle, le plus fécond peut-être en nobles faits d'armes, en actions généreuses, est aussi le plus stérile en histoires des exploits auxquels la France doit cette gloire qui l'a élevée au premier rang parmi les nations de l'Europe, et dont le souvenir contribue à lui faire supporter avec courage l'humiliation de la défaite. Occupés à faire l'histoire, nos militaires n'ont point uni, comme César, la qualité d'historiens à celle de braves; et cependant si le burin de Clio s'était chargé de reproduire tous les hauts faits dont la France est vaine, combien un tel monument, élevé à la valeur, laisserait après lui les Annales de Tacite et les Décades de Tite-Live.

L'histoire du maréchal-de-camp César-Alexandre Debelle, officier de la légion d'honneur, est peu connue. On sait seulement qu'il est né à Voreppe, département de l'Isère, le 27 décembre 1770, d'une famille distinguée parmi la noblesse, et fertile en militaires utiles à l'État. Il est à croire qu'après avoir fait des études, ce fut par goût, comme par héritage, qu'il embrassa la profession des armes, dans laquelle il se fit remarquer par son courage et son humanité, et qu'il prit une part active aux campagnes de la république, après quoi il parvint succesivement aux grades de colonel et de maréchal-de-camp. Dans toutes ces campagnes, on ne rend pas moins hommage à la noblesse de son caractère qu'à sa valeur. Les vaincus eux-mêmes confessent qu'il ne fit jamais de la guerre un art de rapines et de cruautés, comme on en a vu trop d'exemples depuis vnigt-cinq ans.

Après avoir combattu long-temps avec honneur sous les bannières françaises, le général Debelle mérita d'être disgracié par Buonaparte, dont l'honorable haine le dépouilla de toutes ses distinctions, et le poursuivit pendant cinq années, jusqu'au jour où ce chef ambitieux, tombé d'un trône qu'il n'avait pas su conserver, entraîna dans sa chute tant de Français compagnons de sa gloire, mais innocens de ses crimes.

Le général Debelle vécut, pendant le temps que dura sa disgrâce, dans sa retraite de Voreppe, où il cultiva l'amitié des personnes les plus distinguées de Grenoble.

Par suite des événemens de 1814, Louis XVIII ayant été rétabli sur le trône de ses pères, Debelle embrassa cette cause avec ardeur ; mais, lors du retour de Buonaparte, de malheureuses circonstances le forcèrent à servir un chef dont il détestait la personne et la conduite. Les pièces du procès expliquent assez les motifs qui le dirigèrent, motifs dont il faut croire qu'il s'était exagéré la valeur, puisque le conseil de guerre l'a déclaré coupable ; mais qui ont sans doute mis un poids dans la balance, lorsque le Roi, sur la demande d'un prince de sa famille, révoqua la peine de mort à laquelle Debelle avait été condamné.

Quoiqu'une femme inconnue ait, par des insinuations perfides, essayé de flétrir son caractère, il paraît certain que Debelle ne se recommande pas moins par ses mœurs que par sa bravoure. Après vingt ans de combats, le général est rentré sous le toit de ses pères, sans avoir recueilli d'autre fruit de ses travaux que de la gloire et des cicatrices. Son honorable médiocrité dépose en sa faveur ; ses amis confirment ce témoignage irrécusable, et la clémence de Sa Majesté ne se serait pas exercée sur un sujet indigne d'elle.

PROCÈS

DU MARÉCHAL-DE-CAMP,

Baron DEBELLE.

DEUXIÈME CONSEIL DE GUERRE PERMANENT
DE LA PREMIÈRE DIVISION MILITAIRE.

Séance du 22 mars.

Le conseil, composé de M. d'Etoquigny, maréchal-de-camp, commandant le département du Loiret, président ; de M. le comte de Béthisy, maréchal-de-camp, aide-de-camp de Mgr. le duc de Berry ; de M. le vicomte de Courteilles, colonel ; de M. de Quélen, chef d'escadron ; de M. le vicomte Grenier, capitaine ; de M. le chevalier Menjot de Dammartin, capitaine, juges ; de M. le chevalier Viotti, chef de bataillon, rapporteur ; de M. le baron de Salgues, capitaine, procureur du Roi ; et de M. Asselyne, greffier, convoqué par ordre de S. Exc. le ministre de la guerre, s'est réuni aujourd'hui à onze heures, dans la salle de la première chambre de la cour d'assises du département de la Seine, pour juger en exécution de l'ordonnance du 24 juillet 181 5 ; le maréchal-de-camp baron César-Alexandre

Debelle, accusé de s'être saisi en mars dernier du commandement du département de la Drôme, et d'avoir coopéré à des mouvemens militaires dirigés dans le midi contre les troupes restées fidèles au Roi.

La séance étant ouverte, M. le rapporteur, sur l'ordre de M. le président, a donné lecture des pièces de l'instruction, tant à charge qu'à décharge.

On y remarque les pièces suivantes : 1° Un ordre du général Bertrand, ainsi conçu :

Ordre.

« M. le général Debelle se rendra sur-le-champ à Valence pour y prendre le commandement du département de la Drôme ; il y fera exécuter sur-le-champ les décrets et ordres de S. M. l'empereur.

» Il fera partir de suite, pour se rendre à Lyon, toutes les troupes qui sont à Valence. Il recommandera particulièrement à M. le major Duchamp l'exécution du présent ordre.

» Il fera publier que S. M. l'empereur a été accueillie avec le plus grand enthousiasme, et que les troupes se sont abordées l'*arme au bras*, aux cris mille fois répétés de *vive l'empereur !*

Grenoble, le 9 mars 1815.

Le grand maréchal, faisant fonctions de major-général,

Signé BERTRAND.

2°. La lettre suivante du général Debelle au préfet de la Drôme, en date de Valence, le 15 mars 1815.

« Monsieur le préfet ,

» J'ai l'honneur de vous adresser ci-joint des décrets et proclamations que je vous prie et vous ordonne, au besoin, de vouloir bien faire afficher demain matin sur chaque place et aux lieux utiles à cet effet, avec toute la pompe possible. Je vous prie d'en adresser des expéditions à MM. les sous-préfets de votre département, pour qu'elles soient aussi affichées et publiées le plus promptement possible dans les sous-préfectures.

» Veuillez bien également, M. le préfet, veiller à ce que tous les décrets qui vous concernent soient exécutés ponctuellement.

» Je vous prie également de vouloir bien m'en accuser réception. »

3°. L'ordre donné par le général Debelle à l'éditeur du *Journal de la Drôme*; en voici la teneur :

« Le maréchal-de-camp commandant le département de la Drôme ordonne au sieur Marc-Aurèle, éditeur du *Journal de la Drôme* et imprimeur, d'insérer dans sa feuille tout ce que publieront celles de Grenoble et de Lyon, de même que les différens actes, décrets, ordres, etc., que nous serons dans le cas de lui remettre, le tout relatif au retour de S. M. l'empereur. Défenses lui sont faites d'y insérer rien de contraire, sur sa responsabilité personnelle, quelle que soit l'autorité qui les lui ordonne.

» Valence, le 16 mars 1815.

Signé Baron Debelle. »

4°. Une lettre écrite par le général Debelle au nommé Kresly , ancien officier de la garde et employé dans l'administration des forêts, le

27 mars 1815. Cet individu avait formé à Monté-limart des rassemblemens d'hommes armés qui menaçaient la tranquillité publique ; une députation de cette ville s'adressa au général Debelle, qui écrivit à Kresly la lettre suivante :

« Monsieur le capitaine ,

» Comme mes principes ont toujours été de maintenir l'ordre et la tranquillité dans le département dont le commandement m'est confié, et que je ne veux point établir la guerre civile , particuliers contre particuliers , vous voudrez bien renvoyer chacun chez eux les hommes qui pourraient, par leurs mauvais principes , attirer le malheur de la ville de Monté-limart. Mettez , M. le capitaine , toute passion de côté , réunissez-vous de suite avec toutes les autorités , et coopérez tous ensemble au maintien de cette tranquillité que M. le préfet , ainsi que moi, avons fait régner jusqu'à cet instant. Telles sont mes intentions, que je vous ordonne de suivre.

» *Le général commandant le département ,*

» *Signé* le baron DEBELLE.

« *P. S.* Ne pouvant pas soutenir contre les masses de l'ennemi , vous n'engagerez aucune affaire, et renverrez chacun chez eux les hommes que vous avez , et cela de suite , devant s'en rapporter aux autorités locales, auxquelles vous vous réunirez à l'instant pour le bon ordre. »

5°. Et le rapport par lui adressé, de Valence , au ministre de la guerre de Buonaparte, sous la date du 26 mars. Nous en donnons le texte.

Lettre du maréchal-de-camp Debelle, au prince d'Eckmülh, ministre de la guerre.

Valence, 26 mars.

Monseigneur,

J'ai l'honneur de rendre compte à V. Exc., qu'en vertu des ordres de S. M. l'empereur qui m'ont été donnés à son passage à Grenoble, j'arrivai à Valence le 10 courant, pour y prendre le commandement de la Drôme ; mais les autorités civiles et militaires ayant méconnu les ordres dont j'étais porteur et la puissance de S. M., je dus, après six heures d'arrestation et plusieurs délibérations de leur part, repartir sans pouvoir communiquer avec personne. Ils me firent escorter par la gendarmerie jusqu'à Romans, d'où je me dirigeai sur le quartier-général de l'empereur, où je fis mon rapport, tel que j'ai l'honneur de vous en adresser copie. D'après de nouveaux ordres, je revins à mon poste le 15 du courant, époque où j'ai pris le commandement de la Drôme, en remplacement de M. le général Guillau, appelé à une autre destination.

J'y trouvai alors les autorités civiles et militaires disposées à me seconder dans les intentions qui m'avaient été remises par S. Exc. Mgr. le grand maréchal. Je fis publier et afficher, avec toute la pompe possible, les décrets et proclamations de S. M., qui ont jusqu'ici été ponctuellement exécutés.

La tranquillité publique règne et n'a pas jusqu'à ce moment été troublée, l'esprit des habitans en général me paraissant entièrement dévoué à l'empereur. Cependant, Monseigneur, je n'ai ici pour toute garnison qu'une compagnie de vétérans ; c'est la seule troupe qui existe dans le département, et ma position devient de jour en jour plus critique, par les rassemblemens qui se forment dans le Midi, à Nismes, Montpellier, Avignon, et particulièrement dans le département de l'Ardèche : ces insurgés occupent le Pont-Saint-Esprit, la Palud et Pierre-Latte, dont ils se sont emparés aujourd'hui. Ils ont avec eux de l'artillerie, et paraissent vouloir pénétrer dans le département. Si ce malheur arrive, je ne puis, Monseigneur, leur opposer aucune force militaire. Je ferai cependant avec le peu de moyens que j'ai toute la résistance possible ; mais il est de la plus haute importance que vous daigniez mettre sous les yeux de S. M. la position malheureuse des départemens du midi et de celui que je commande, qui est menacé de toutes parts, afin d'arrêter les progrès de cette insurrection. Le duc d'Angoulême commande ces masses ; son quartier-général est à Nismes. Les régimens de ligne qui sont dans le midi sont tous dévoués à l'empereur ; mais ils se trouvent paralysés au milieu de ces insurgés et ne peuvent agir. J'ai eu l'honneur journellement de rendre compte à M. le général commandant la 7e. division militaire de tout ce qui se passait. Me trouvant sous ses ordres, je n'ai cessé de l'instruire de la position de mon département, en le priant d'en informer V. Exc. Aujourd'hui, Monseigneur, j'ai cru qu'il étoit de mon devoir de vous prévenir directement.

M. le préfet du département, magistrat extrêmement recommandable, me seconde en tout pour le bien du service de S. M. Quant aux autres autorités, je vous ferai connaître, Monseigneur, lorsqu'il en sera temps, la conduite déloyale qu'elles ont tenue.

Je ne dois pas vous laisser ignorer que le duc d'Angoulême avait ordonné mon arrestation. Je devais être conduit sous sûre et bonne escorte à Nismes. M. le préfet avait aussi reçu l'ordre du ministre de l'intérieur de me faire arrêter et traduire à Paris. Personne n'a osé mettre ces deux ordres à exécution, et je suis à mon poste.

Toute communication avec le midi est interceptée ; les estafettes, courriers, diligences et individus ne peuvent passer. J'ai fait tout ce qu'il a dépendu de moi pour envoyer dans le midi des émissaires qui fissent connaître les événemens heureux de l'entrée de S. M. à Paris ; mais aucun n'a pu pénétrer d'après le cordon qu'ils ont établi. On porte la force des insurgés à 7 ou 8000 hommes, divisés en plusieurs colonnes, commandées par MM. Damas et Bayeux.

Si je me trouve attaqué par ces masses d'insurgés, je serai obligé de me retirer sur Romans, ne pouvant nullement compter sur la garde nationale de Valence, dont les chefs sont tous ennemis jurés de la chose publique et du gouvernement.

Votre excellence trouvera ci-joint la copie de l'ordre en vertu duquel je me suis rendu à Valence.

J'ai, etc.

Signé, baron DEBELLE.

P. S. Je reçois à l'instant une dépêche pour le général Mouton-Duvernet, qui ne peut lui être remise, vu qu'il est parti pour Paris.

Une seconde dépêche de V. Exc. pour Toulon n'a pu parvenir à sa destination ; l'armée insurgée occupait le pont du Saint-Esprit et la Palud, comme j'ai eu l'honneur de vous en instruire, et ne laissait rien passer. Je ne puis forcer ce passage, n'ayant point de troupes. Cette route est interceptée entièrement depuis le 21.

Le général Lafitte, commandant le département de l'Ardèche, vient d'arriver à Valence pour se rendre à Tournon, ayant été obligé de quitter son poste la nuit passée, vu l'insurrection qui s'y manifeste.

M. le rapporteur a ensuite donné lecture des dépositions faites par devant lui ou par suite de commissions rogatoires.

Comme ces dépositions seront reproduites oralement lors des débats, nous n'en parlerons pas quant à présent.

A cinq heures et demie la séance est levée, et ajournée à demain dix heures, pour continuer la lecture des pièces.

Deuxième séance.

La séance est reprise à onze heures.

M. le rapporteur donne lecture d'abord des derniers procès-verbaux d'information, et ensuite des divers interrogatoires subis par devant lui par le général Debelle.

Cette lecture terminée, l'accusé est introduit, assisté de Mᵉ. Berryer fils, son défenseur.

M. le président procède ainsi qu'il suit à l'interrogatoire :

D. Quels sont vos nom, prénoms, âge et qualités ?

R. Je me nomme César - Alexandre, baron Debelle, maréchal-de-camp, né à Voreppe le 27 novembre 1770.

D. Quel jour avez-vous appris le débarquement de Buonaparte ?

R. Le 7 mars.

D. Quel jour êtes-vous allé à Grenoble?

R. Le 7.

D. N'y êtes-vous pas allé le 8 ?

R. Le 6, ayant appris que Buonaparte devait arriver le 7 à Grenoble, je me suis rendu à Grenoble chez le général Marchand ; je lui ai offert mes services pour le Roi ; il m'a dit qu'il ne pouvait pas m'employer, parce que je n'étais pas en activité. Je suis retourné le même soir à Voreppe ; le lendemain je suis revenu à Grenoble pour y prendre de l'argent. J'ai couché le soir à Voreppe. Le 9 au matin j'étais à Grenoble.

D. Vous n'avez eu aucun rapport avec les généraux de Buonaparte ?

R. Aucun. Je n'ai vu ni Buonaparte, ni aucun autre officier général. C'est le 9, à deux heures, que j'ai reçu l'ordre de Bertrand. J'ai été persécuté cinq ans par Buonaparte, je craignais sa vengeance ; et d'ailleurs je voulais suivre le parti du Roi.

D. Où étiez-vous quand vous avez reçu cet ordre?

R. A Grenoble. Il m'a été apporté par un officier de gendarmerie.

D. Puisque vous vouliez suivre le parti du Roi, comment le 9 avez-vous commandé le département pour l'usurpateur ?

R. Dans l'intention de faire le bien et de servir la cause du Roi.

D. Le 10 au matin vous avez été à Valence : comment, ayant été refusé par le département, y êtes-vous retourné et en avez-vous accepté le commandement ?

R. Je ne m'y étais pas rendu pour prendre le pouvoir avec violence.

D. Les autorités servant la cause du Roi, vous deviez-vous réunir à elles?

R. Je leur ai fait part de mes intentions, et comme je ne voulais pas m'installer par force, je leur ai demandé à m'en retourner, en leur disant de rester fidèles.

D. Vous y êtes retourné le 11 ou le 12?

R. Le 15 au soir, lorsque tout était sous la domination de Buonaparte, et avec le désir de servir le Roi. Il n'y avait plus d'autorités. Je vis le maire et le préfet. Me voilà, leur dis-je, toujours dans les mêmes intentions : faire le bien de la chose et sauver le département. Ils voulaient quitter la ville. Je leur représentai la guerre civile prête à éclater, l'effervescence de la population, l'exaspération pour l'usurpateur portée à son comble ; que s'ils s'en allaient, Valence serait perdue et livrée aux factieux ; je leur dis d'exercer leur pouvoir dans l'intérêt du Roi, et que je me joindrais à eux pour maintenir l'ordre et la tranquillité.

D. Vous êtes en contradiction avec vous-même ; car, par votre rapport au prince d'Eckmülh, vous parliez dans le sens contraire?

R. Je voulais agir dans les intentions du Roi.

D. Mais exercer un pouvoir au nom de l'usurpateur, ce n'était pas agir dans les intentions du Roi?

R. C'était agir pour le Roi, que de préserver le département de la guerre civile ; que d'y maintenir l'ordre et la tranquillité, surtout à l'égard du clergé et de la noblesse, qui étaient menacés. Je les ai pris sous ma protection, et il n'y a eu ni vexation, ni arrestation.

D. Vous ne vous en êtes pas moins mis à la

(11)

tête de tout ce qui s'est fait contre la cause royale?

R. Si je n'avais pas accepté, un autre serait venu dans le département servir la cause de l'usurpateur; voilà mes intentions, je n'en ai jamais eu d'autres.

D. Enfin, vous vous êtes mis à la tête d'un détachement pour combattre Mgr. le duc d'Angoulême?

R. Je n'ai jamais marché contre Mgr. le duc d'Angoulême, puisque j'ai moi-même licencié et dispersé les troupes commandées par Kresly. Si j'avais voulu le combattre, je n'aurais pas désarmé les gardes nationales qui demandaient à se battre.

D. Cependant, c'est vous qui aviez autorisé Kresly à lever des troupes; vous lui avez donné l'ordre de les licencier, mais lorsque toute résistance était inutile?

R. Je lui avais donné l'ordre de renouveler une garde nationale pour maintenir l'ordre et la tranquillité, et de se concerter avec les autorités publiques.

D. On ne vous accuse d'avoir maltraité personne; mais tous vos actes étaient dans le sens de l'autorité de Buonaparte. Mentalement vous pouviez avoir de bonnes intentions; mais vos actes physiques y étaient contraires?

R. Il n'était pas dans mes principes de servir un homme qui m'avait disgracié sans motifs. Cela n'était ni dans mes sentimens, ni dans mon cœur.

D. Mais alors pourquoi avez-vous pris le commandement de son armée?

R. Pour faire le bien, parce qu'un autre aurait perdu le département, et que moi, je l'ai sauvé.

D. Puisque vous vouliez servir le Roi, n'aviez-vous pas cinquante moyens de le faire savoir au duc d'Angoulême?

R. J'avais des craintes que je ne puis pas dire. Je voulais garder l'autorité pour le service du Roi; en conservant le département, je servais la cause du Roi. Je n'en ai tiré aucune force contre son autorité; je ne m'en suis servi que pour la tranquillité.

D. N'avez-vous pas donné aux autorités l'ordre d'imprimer les actes de l'usurpateur?

R. On avait déjà imprimé différentes lettres. Plusieurs actes avaient été affichés, sans ordre, dans la ville. Déjà la cocarde et le drapeau tricolore étaient arborés; j'ignore comment Marc-Aurèle vint chez moi me demander un ordre; je le lui ai donnai, mais je déclare sur mon honneur que je n'y attachais aucune espèce d'importance.

D. N'avez-vous publié aucune proclamation?
R. Aucune.
D. Ainsi vous n'avez donné que votre ordre du jour?

R. Oui, pour le bon ordre et la tranquillité. Il fallait bien faire connaître que c'était à moi qu'on devait s'adresser. Je dois vous faire observer que le général Lasalcette était commandant de la 7ᵉ. division militaire; que tout ce que j'ai fait a été fait par ses ordres, et que je n'exécutais que ceux qui avaient pour objet de maintenir la tranquillité; car j'ai reçu l'ordre de faire des arrestations, et aucune n'a été faite.

D. Vous aviez un moyen bien simple de ne rien faire contre votre devoir, c'était de quitter le commandement?

R. Comment faire ? Je n'ai aucune fortune; je ne possède au monde que mon honneur et mon épée. Où aller ? que devenir?

D. Pourquoi n'avez-vous pas été rejoindre le duc d'Angoulême ?

R. Il m'aurait été impossible de le faire. Je n'ai su que le 26 que Mgr. le duc d'Angoulême était à l'armée, et alors j'ai licencié tout ce que j'avais avec moi.

D. Pourquoi, dans les intentions où vous étiez, avez-vous attaqué l'armée royale ?

R. J'avais envoyé un parlementaire au vicomte d'Escars, il ne revint pas. On disait qu'il avait été tué. Les troupes, désespérées et débandées, se sont battues sans ordres. J'ai failli être tué, j'ai reçu même un coup de baïonnete dans les reins. Enfin je suis parvenu à les ramener à Loriol. J'y ai trouvé 60 chasseurs déserteurs de l'armée royale, je les ai dispersés. Je me suis retiré sur Valence, où on voulait que je me battisse, je l'ai refusé. Je n'ai pas voulu couper le pont de Romans. Nulle part je n'ai fait de résistance. J'ai dit partout : Je me sacrifie ; je sais que j'encours la disgrâce de Buonaparte, mais je ne veux pas verser le sang français.

D. Combien aviez-vous de monde avec vous ?

R. Un escadron de chasseurs à cheval, une compagnie de vétérans, quelques gendarmes; en tout 2 ou 300 hommes.

D. De quelle troupe avez-vous reçu le coup de baïonnette ?

R. Des gardes nationales qui se battaient sans ordres et qui disaient que j'étais un traître.

D. Arrivé à Valence, vous disiez que vous étiez fidèle au Roi ; cependant, sur votre route, vous répandiez des proclamations de l'usurpateur ? On a déposé que vous en aviez distribué à Saint-Marcellin ?

R. C'est une fausseté ; c'est un officier-général envoyé par Buonaparte, qui a passé avant moi. Quant à moi, parti de Voreppe, je suis arrivé à Saint-Marcellin à onze heures. Je ne pouvais pas répandre de proclamations, puisque je n'en avais pas.

D. On dit aussi qu'on vous a vu à Saint-Marcellin montés sur une voiture et distribuant des armes ?

R. Saint-Marcellin est hors du département de la Drôme ; je n'étais là qu'un simple individu. Il y avait des rassemblemens, et j'ai sauvé la vie au maire et au préfet, comme Dieu est là. Le général Lasalcette avait envové des fusils pour la garde nationale. Je ne commandais pas ; ce sont les officiers qui avaient escorté les fusils qui les ont distribués eux-mêmes. Je n'ai dit, moi, que de rassembler les hommes sages et bien connus.

D. Pourquoi a-t-on trouvé dans vos papiers des minutes de certificats sur votre conduite ?

R. C'est mon aide-de-camp qui les a faites ; toutes les autorités m'avaient dit qu'elles me donneraient tous les certificats que je voudrais ; mais aucun certificat n'a été fait sur ces modèles.

D. C'est à Romans que vous avez refusé de couper le pont ?

R. A Romans. J'ai dit : je suis perdu ; je sais que je vais encourir la fureur de Buonaparte, mais c'est égal. J'ai défendu de tirer un seul coup de fusil, et j'ai donné ordre de se retirer quand les troupes royales seraient à deux cents pas, ce qui a été exécuté.

D. A Montélimart, c'est vous qui avez donné ordre de faire feu?

R. Du tout. Les gardes nationales ont attaqué sans mon commandement.

D. Cependant ces troupes étaient sous vos ordres?

R. Les gardes nationales étaient très-exaspérées; elles se sont livrées à leur fureur; au surplus elles n'avaient pas de cartouches.

D. N'avez-vous pas eu une querelle d'opinion avec le greffier de la cour royale de Grenoble, et ne lui avez-vous pas dit : Les royalistes n'auront pas le dessus, *vive l'empereur!*

R. Je ne me rappelle pas; au surplus, j'étais toujours bien persuadé que le Roi légitime rentrerait dans sa capitale.

M^e. Berryer. Ces faits se sont passés le 10 juin.

M. le président. Vous ferez valoir ces circonstances dans votre défense; il ne s'agit dans ce moment que de l'interrogatoire.

Le général Debelle. Je n'ai jamais été du parti de Buonaparte, je ne l'aimais pas.

Un des juges. Vous ménagiez le pays pour Buonaparte?

R. Pas pour Buonaparte, mais pour le Roi; car j'étais bien sûr qu'il reviendrait.

L'interrogatoire étant ainsi terminé, on procède à l'audition des témoins.

1er. *témoin.* Amédée , vicomte d'Escars , maréchal-de-camp, dépose en ces termes : Je commandais en mars 1815 l'avant-garde de l'armée du duc d'Angoulême. Le 3o, vers neuf heures du matin, les tirailleurs venaient de se rencontrer à une demi-lieue de Montélimart, lorsque je reçus, par un parlementaire, une lettre du général Debelle, par laquelle il me faisait part des ordres et des proclamations de Buonaparte. Il me signifiait de lui remettre la ville de Montélimart, m'engageait à m'unir au vœu de la France, en reconnaissant l'autorité de l'empereur, me rendant responsable du sang qui serait versé et me menaçant, en cas de refus, de m'attaquer avec des forces supérieures. Je renvoyai le parlementaire avec une réponse peu conforme à celle qu'il espérait, et presqu'aussitôt je fus attaqué.

M. Debelle. Je n'ai point dit à M. d'Escars de reconnaître l'empereur; je l'engageai à se retirer, parce que les troupes voulaient absolument se battre.

Le président au témoin. Avez-vous gardé la lettre?

R. Je ne l'ai pas gardée; je l'ai détruite dans l'instant. Autant que je puis me le rappeler, le général m'engageait à suivre le vœu de la France. En finissant, il me menaçait de m'attaquer avec son infanterie, sa cavalerie et son artillerie; je me rappelle ces dernières expressions.

D. Avez-vous donné une lettre à M. Versor?

R. Je ne lui ai pas donné de lettre; mais comme il partait le 25 ou le 26 pour Valence, il m'offrit de me donner des renseignemens sur les troupes qui s'y trouvaient. Je lui donnai une autorisation à cet effet; mais il ne put aller plus loin que Montélimart.

D. Savez-vous ce qu'il est devenu depuis?

R. Il est allé jusqu'à Montélimart, d'où il a rebroussé chemin.

D. Ne vous a-t-il pas dit qu'il avait couru des dangers?

R. Il m'a dit qu'il avait été attaqué par des gendarmes.

D. Ne vous a-t-il pas dit qu'il avait été sauvé par le général Debelle?

R. Cela peut être, mais je ne me le rappelle pas ; ce qu'il m'a rapporté était fort peu important, et ne m'a pas fait grande impression.

2ᵉ. *témoin.* Louis-Pierre-Marie-Paul-Hippolyte Guyonnet, marquis de Montcalm, commandait l'avant-garde du vicomte d'Escars. Il dépose du même fait que le vicomte. Il n'a pas la lettre. Il croit qu'elle était adressée au commandant de l'armée royale. Les forces du corps auquel il appartenait s'élevaient à 400 au 420 hommes, dont 35 hommes à cheval. On évaluait celle du général Debelle à 7 ou 800 hommes.

3ᵉ. *témoin.* Gaspard-Louis-Edouard Vantevon, conseiller à la cour royale de Grenoble, n'a aucune connaissance particulière des faits imputés au général Debelle. Il le connaît depuis 1811, et il lui a toujours paru extrêmement opposé à Buonaparte. Je lui dis même plusieurs fois que ses propos ne servaient à rien, qu'il fallait attendre une occasion favorable. Le 6 ou le 7, il vint à Grenoble solliciter du service auprès du général Marchand. Il paraissait très-disposé à faire un coup de main. Le témoin étant parti pour Lyon, n'a appris que le 11 ou le 12 que le général avait pris le commandement de la Drôme. Depuis il a rejoint le duc d'Angoulême, et n'a plus eu de ses nouvelles.

4ᵉ. *témoin.* Pierre-Noé-Joseph-Platel d'Ussé, avocat à Grenoble, ne dépose pas sur les faits dont le général est accusé. Le général était parfaitement bien le 6 à Grenoble ; il paraissait prêt à marcher et à se battre pour le Roi. Il a fait prévenir le témoin que Buonaparte voulait le faire arrêter. Ce sont des conseils perfides qui l'ont égaré. Les jacobins de Grenoble ne le virent pas avec plaisir prendre le gouvernement de la Drôme.

5e. *témoin.* Elie Kresly., ex-lieutenant des chasseurs à cheval de la garde, garde-général à Montélimart.

Le président au témoin. Où étiez-vous lorsque vous avez reçu l'ordre du général Debelle?

R. A Montélimart.

D. L'avez-vous conservé ?

R. Je ne l'avais pas conservé; mais j'en ai conservé un autre de me tenir prêt sous les armes. Tenez, général, je vais vous faire ma confession, on doit servir un homme quand il est dans le malheur ; en m'attaquant comme un homme turbulent, le général Debelle me force à vous donner ce second ordre. Cet ordre a pour objet de réunir les militaires pensionnés, et de les tenir prêts pour l'insurrection qui devait avoir lieu. Ce qui a fait le mouvement, c'est que le bruit courait qu'on allait tuer tous les militaires qui avaient servi Napoléon ; et alors nous nous sommes réunis.

On donne ensuite lecture de cette pièce; le général Debelle la reconnaît. Il n'était alors question, dit-il, que d'une troupe d'insurgés qui voulait piller, saccager, dévaster.

M. le président. Ces insurgés, c'était l'armée royale?

Le général Debelle. Nous ne les avons jamais confondus avec l'armée royale.

M. le président. Les insurgés sont où le Roi n'est pas.

Me. Berryer fait observer qu'il est établi au procès, que ce n'est que le 26 que le général a su que le duc d'Angoulême était dans l'armée du midi.

M. le président au témoin. Savez-vous ce qui s'est passé sur les frontières de la Drôme.

R. J'étais à 12 lieues de là. Le bruit se répandit que les Marseillais (il n'était pas question d'armée royale) voulaient tuer tout ce qui avait été pour Napoléon. Les militaires dirent qu'il valait mieux se faire tuer que de se laisser assassiner chez soi. Le 22, rien ne s'effectue ; nous étions toujours sur la défensive. Le 26, on nous apprit que l'armée royale (ce n'était pas ainsi qu'on l'appelait alors, c'était l'armée insurgée) marchait sur nous. La municipalité me demanda si je répondais de ma troupe. Je dis que j'en répondais dans la ville, mais pas dehors. Je me portai sur le pont de Roubion. Le 27, je reçus l'ordre du général Debelle de la dissoudre.

D. A quelle époque l'avez-vous dissoute ?

R. Le 27, tout de suite. En une demi-heure tout était licencié. Le 29, je reçus l'ordre du général Debelle de former un corps de cavalerie. Je n'avais ni hommes ni chevaux, ni brides, ni selles, ni armes. En une nuit je formai environ cent hommes.

D. Reçûtes-vous des ordres ultérieurs pour opérer ?

R. Je ne partis de Valence que vers dix heures. Je trouvai l'armée en retraite vers les trois heures ; je me portai en avant et je soutins la retraite. Le général Debelle m'engagea à ne pas tirer un coup de pistolet ou de fusil, à ne pas donner un coup de sabre sans être attaqué.

D. Vous vous êtes aperçu qu'il était blessé ?

R. Pardonnez-moi ; il me dit je suis blessé ; si vous étiez arrivé plutôt je ne le serais pas. Je lui dis que cela m'avait été impossible ; et en effet j'avais formé tout mon corps dans une seule nuit.

D. Cela prouve que vous aviez du zèle.

R. Le lendemain j'ai remis le commandement à un colonel, sur l'ordre du général Debelle. On lui réitera l'ordre de ne pas tirer un coup de pistolet, de ne pas donner un coup de sabre, de ménager le sang français.

M. Debelle répond que le colonel a été envoyé par le général Lasalcette.

L'un des juges à l'accusé. N'avez-vous pas reçu la croix de Saint-Louis ?

R. Non : je n'ai tenu du Roi le commandement d'aucune place forte, d'aucune division militaire.

*M*ᵉ. *Berryer* demande à M. le vicomte d'Escars à quelle époque S. A. R. le duc d'Angoulême a marché à la tête de l'armée royale.

Le témoin repond que le 12 ou le 13 S. A. était à Nismes ; que dès le 12 au soir on l'a connu ; que ses ordres ont été envoyés jusqu'à Lyon.

La séance est suspendue jusqu'à trois heures et demie, heure à laquelle elle est reprise, et l'audition continuée.

Sixième témoin. Louis-Joseph Marcus, greffier de la cour royale à Grenoble, et momentanément employé à la préfecture de police, à l'inscription des délits politiques, n'a aucune connaissance de ce qui est relatif à la campagne contre le duc d'Angoulême. Il rend compte d'une querelle violente qu'il eut à Voreppe avec le général. Il le provoqua en duel ; des témoins s'interposèrent. Le général resta *interloqué* pendant 4 ou 5 minutes, et se mit à pleurer amèrement, en disant au témoin qu'il avait raison , qu'il était un brigand , mais qu'il espérait que le Roi lui pardonnerait. Son repentir était alors d'autant moins douteux qu'on était au commencement de juin. S'il n'avait pas senti ses torts, il se serait battu.

L'audition étant terminée, la séance est levée et ajournée à demain midi.

Séance du 24 mars.

A une heure et quart la séance est reprise.

Un nouveau témoin est introduit, Jean-Antoine Rostaing, inspecteur aux revues, chef de la 2ᵉ. division au ministère de la guerre. Sa déposition, comme il l'a dit lui-même, est très-insignifiante. Un de ses amis lui a dit, le 7 mars, que le général Debelle paraissait animé des meilleurs sentimens. Le même jour au soir, M. Rostaing à quitté Grenoble , et n'a plus eu occasion de voir le général Debelle, et il a été très-surpris qu'il eût accepté des fonctions de Buonaparte.

Sur l'interpellation de Mᵉ. Berryer , M. Rostaing déclare que le premier acte d'autorité de Buonaparte , à son entrée à Grenoble , a été sa destitution , mais qu'elle n'a influencé en rien son témoignage.

M. le rapporteur a pris la parole, et a dit :

Messieurs, César-Alexandre Debelle est l'un des officiers-généraux compris dans la première liste de l'ordonnance du 24 juillet. Dès la fin du même mois, le général Debelle se constitua prisonnier. Cette démarche a-t-elle eu pour principe le respect dû à un ordre émané du Roi , ou doit-elle être attribuée à une confiance irréfléchie dans le résultat du procès que vous allez juger ? Si l'on interroge les pièces déposées devant vous , on est tenté de croire que, se faisant illusion sur la sévérité de nos lois, comme sur le mérite de ses propres actions, l'accusé a vu sa justification entière dans des circonstances qui peuvent tout au plus, je ne dis pas excuser sa conduite devant les tribunaux, mais en atténuer l'accablante gravité dans l'opinion.

Le maréchal-de-camp Debelle a été traduit en justice le 3 décembre dernier pour les délits spécifiés dans l'art. 1er. de l'ordonnance du 24 juillet. L'ordre qui a saisi le conseil de cette cause importante laissait ignorer les faits que le ministère public avait à poursuivre judiciairement; l'ordre de traduction n'était accompagné d'aucune pièce qui fournît cette première et indispensable indication. Les souvenirs des événemens désastreux du mois de mars dernier ont guidé mes recherches. Les administrateurs, les magistrats auxquels je me suis adressé, mais particulièrement les préfets de l'Isère et de la Drôme, ainsi que les procureurs du Roi de Valence et de Grenoble, m'ont secondé de tout leur zèle. Des pièces essentielles et probantes ont été remises, toutes les personnes dont les déclarations pouvaient être de quelqu'utilité ont été entendues, et tous les témoignages qui ont été invoqués par l'accusé ont été recueillis.

Sans doute, Messieurs, il vous suffirait, pour appliquer la loi, que je me fusse borné à mettre sous vos yeux quelques-unes des pièces qui forment la preuve matérielle du crime; mais il est dans ce procès des incidens dont l'examen est aussi du domaine de la justice, soit que ces incidens dussent aggraver l'accusation, soit qu'ils dussent, sinon commander votre indulgence, du moins fortifier le dernier espoir que nos institutions laissent à un coupable ; il est peut-être de notre devoir de les constater.

La procédure qui a été faite éclaire d'une vive lumière la question que vous êtes chargés de résoudre. Les Français pourraient en outre y puiser la preuve d'une vérité consolante. Ils y verraient, que dans le Dauphiné, dans cette province que l'usurpateur a calomniée par ses éloges, les fauteurs de la rébellion n'ont trouvé des complices que parmi des hommes abjects et de la classe la plus ignorante.

Les délits spécifiés dans l'ordonnance du 24 juillet sont : la trahison envers le Roi, l'envahissement avec violence d'un commandement, et l'attaque à main armée contre la France ; le maréchal-de-camp Debelle n'a point à se justifier du premier de ces délits ; aucun emploi ne lui avait été donné à l'époque du débarquement de Buonaparte, ainsi il n'a pu se rendre coupable de trahison ; mais en consultant les premiers documens qu'il a été possible de se procurer, on reconnaît que le maréchal-de-camp Debelle se trouve accusé d'avoir, sans droit ni motif légitime, pris en mars dernier le commandement du département de la Drôme ; d'avoir, sans motif légitime également, levé des troupes et de leur avoir procuré des armes et des munitions ; enfin d'avoir combattu contre les troupes du Roi, et par conséquent contre la France, délits qui sont prévus par les articles 75, 92 et 93 du Code pénal.

L'art. 1er. de l'ordonnance du 24 juillet laisse quelques incertitudes pour ce qui est relatif au crime d'attaque contre les troupes du Roi, commis depuis le 23 mars 1815 : dès les premiers jours de décembre, je fis part au ministre de la guerre de ces incertitudes. J'ai eu l'honneur de vous donner lecture de la lettre de S. Exc. le 27 janvier 1816; il en résulte, Messieurs, que vous êtes appelés à prononcer sur tous les délits reprochés au général Debelle, soit qu'ils aient eu lieu avant le 23 mars, soit qu'ils aient été commis postérieurement à cette date.

M. le rapporteur donne ensuite l'exposé sommaire des événemens.

Au commencement de 1815, l'accusé se trouvait à Voreppe, où il résidait depuis plusieurs années à partir de l'époque à laquelle il avait été mis à la retraite. Il paraissait être dans de bons sentimens; plusieurs personnes parmi celles qu'il fréquentait déposent l'attachement qu'il exprimait pour la cause du Roi, et de son profond respect pour la famille royale

Le 7 mars au soir, après l'entrée de Buonaparte à Grenoble, il protestait encore de son dévouement; rien dans ses paroles n'annonçait même de l'hésitation. Trente heures après, et dans la nuit du 9 au 10 mars, il se trouvait aux portes de Valence, sommant, au nom de Buonaparte et en vertu d'un ordre signé Bertrand, les autorités départementales de la Drôme de le recevoir comme commandant. Ces autorités refusent de reconnaître Buonaparte, arrêtent le général prisonnier, et se déterminent enfin à le faire reconduire, comme le général le demandait lui-même, jusqu'aux limites du département.

Dégagé de son escorte, il pousse jusqu'à Rives, au-delà de Grenoble, et par un rapport du 11 mars, il rend compte à Bertrand de sa réception, et lui annonce qu'il n'a reculé que parce qu'il n'avait pas de forces à sa disposition.

Deux jours après, mettant à profit les menaces du général Mouton-Duvernet, il reparaît à Valence et s'y installe le 15. Ce même jour il écrit au préfet que *son département est saisi par la puissance militaire* (ce sont les expressions de sa lettre).

Il transmet aux maires les décrets et proclamations de Buonaparte. Il donne l'ordre de les insérer dans le *Journal de la Drôme* ; enfin, dans les derniers jours du mois de mars, l'accusé, par des levées d'hommes et par des réquisitions de chevaux, s'était mis en mesure de résister aux troupes du Roi ; et ce fut le 30 que, s'étant porté à 12 lieues en avant, il rencontra l'armée royale à Montélimart et la combattit.

Dès le principe, l'accusé a déclaré qu'il n'avait pas quitté Voreppe ; qu'il n'avait vu ni Buonaparte ni les officiers de sa suite, lorsque le 10 mars au matin il reçut du général Bertrand l'ordre de se rendre à Valence ; qu'il n'obéit à cet ordre que malgré lui ; qu'il n'avait fait usage de son pouvoir que pour sauver les fidèles serviteurs du Roi ; que ce n'est pas contre l'armée royale que furent dirigées ses opérations militaires, mais pour se procurer une force de police intérieure ; que ce fut uniquement pour sauver ses jours qu'il se laissa conduire à Montélimart, où il ne fut pas maître de contenir les soldats de Buonaparte ; que depuis cette malheureuse journée, il n'a pris aucune part aux opérations dirigées contre l'armée royale.

M. le rapporteur examine avec détail ces assertions ; nous ne le suivrons pas dans cette discussion trop longue pour être rapportée en entier, et qui n'est susceptible d'aucune analyse : il trouve qu'elles sont démenties par les pièces et par les procès-verbaux. Il n'accorde pas plus de confiance aux considérations morales invoquées par le général Debelle. S'il n'a pris du service que par crainte de Buonaparte, n'eût-il pas été bientôt convaincu qu'il n'entrait ni dans les intérêts, ni par conséquent dans la politique de l'usurpateur de manifester de l'animosité contre ceux qui refuseraient de servir sa cause. S'il n'a pris le commandement du département que dans la vue du maintien de l'ordre et de la tranquillité, pourquoi a-t-il essayé de soulever toute la population des villes et des campagnes ?

Toutefois il est dans la conduite du maréchal-de-camp Debelle des actions dont le principe est évidemment pur. Ces actions qui sont isolées n'excusent point le rôle criminel qu'il a joué dans les scènes déplorables de mars dernier; mais du moins elles font honneur à son cœur.

M. le rappopteur retrace ici la conduite du général Debelle avec M. de Vercorps, officier des volontaires royaux; avec M. Devachon, commandant de la garde nationale de Grenoble; avec M. Baille, volontaire royal de Montpellier; avec des blessés du 10ᵉ. de ligne.

Tous ces faits, dit-il, sont empreints du caractère de la générosité; ils soulagent l'esprit du juge qu'a déjà trop fatigué l'examen d'une longue série d'actes criminels; mais, je le répète, ces faits sont isolés; ils laissent toute la force à l'accusation; ils ne désarment pas la main de l'inflexible justice.

Après avoir résumé toutes les charges qui s'élèvent contre le général Debelle, M. le rapporteur ajoute :

Que peuvent contre de pareils attentats des

considérations tirées de ce qu'on appellera *en-traînement de circonstances, fatalité ?* que peuvent après tant d'actes de rébellion et de délits révolutionnaires quelques faits isolés, tels que ceux que j'ai rappelés et que l'on va vous rappeler sans doute encore.

Dans une cause aussi grave, Messieurs, toutes ces considérations ne sauraient fléchir les ministres de la loi; elle a parlé. Mais il est un dernier refuge qui quelquefois s'ouvre devant le coupable que la justice a repoussé; que le général Debelle tourne ses regards de ce côté, c'est là qu'il peut placer ses espérances, c'est là qu'il doit faire entendre ces paroles : *J'ai sauvé la vie à des serviteurs du Roi !*

Je conclus à ce que le maréchal-de-camp César-Alexandre Debelle soit déclaré coupable, 1°. d'avoir, sans droit ni motif légitime, pris le commandement du département de la Drôme ; 2°. d'avoir, sans ordre légitime, également effectué des levées d'hommes, et d'avoir procuré à ces hommes des armes et des munitions ; 3°. d'avoir combattu contre les troupes du Roi, et par conséquent contre la France. Je requiers en outre que la formule prescrite par l'acte du gouvernement du 24 ventose an 12 lui soit prononcée par l'organe du président.

Le président déclare à l'accusé qu'il peut se défendre lui-même ou par l'organne d'un défenseur officieux. Le général indique par un geste M^e. Berryer fils qui prend la parole en ces termes:

« Un an s'est à peine écoulé depuis qu'ayant rompu son ban, Buonaparte est venu faire peser sur la France sa courte et sanglante domination ; vainement hélas ! depuis ce temps les mains paternelles de S. M. portent sans cesse le remède aux plaies du royaume ; chaque jour découvre un mal nouveau qu'enfanta la présence de l'usurpateur. Mais de tous ces malheurs, dont la France fut frappée, le plus affreux n'est pas le ravage des provinces, le dépouillement des arsenaux et l'épuisement des caisses publiques, les vraies causes des douleurs de la patrie, ce sont, et ce crime nouveau, dont quelques Français se rendirent coupables envers la fille et les frères du Roi martyr, et ces principes d'erreur et de sédition dont le peuple s'est énivré, et surtout la chute de tant de grandes et belles réputations ; l'opprobre où sont tombés des hommes jusqu'alors honorés et que frapperait la justice, si la justice pouvait confondre dans ses vengeances et le malheur et le crime. Quoi ! c'est pour un soldat parvenu, qui cinq fois déserta ses camps, que d'illustres guerriers, que les chefs les plus braves trahirent le cours de leur gloire, aveuglés qu'ils étaient par l'influence du génie du mal, emportés par cette tempête violente et soudaine où furent même entraînés les ennemis irréconciliables du despotisme.

Douloureuses pensées ! étrange fatalité ! qui amène devant vous aujourd'hui le maréchal-de-camp Debelle ! Long-temps haï et persécuté par Buonaparte, privé de toute activité de service, il s'était vu arrêté par lui au milieu de sa carrière, et condamné à une sorte d'exil ; cependant le voici accusé aujourd'hui d'être son zélé partisan, d'avoir fait tout ce qui était en son pouvoir pour remettre l'empire aux mains de ce constant oppresseur. Admirez, Messieurs, les bizarreries du sort ! Le général Debelle est dénoncé à la sévérité des tribunaux comme auteur, comme instigateur d'attentats qu'il eût voulu repousser et punir au prix de tout son sang; le général Debelle est accusé pour avoir exercé des fonctions dont il a été dépouillé avec outrage par l'usurpateur lui-même. Digne du titre d'officier français, il ne fit jamais de la guerre un art de rapines et de cruautés; nombre de villes d'Allemagne et d'Espagne, des princes de haute maison rendent un éclatant hommage à sa bonté comme à son loyal désintéressement. Après 20 ans de services comme colonel ou comme maréchal-de-camp, cet infortuné gentilhomme ne rapporte, sous le toit modeste de ses pères, que son honneur et son épée, et le voilà confondu avec ces avides proconsuls que le torrent des conquêtes promena dans tous les royaumes de l'Europe, et qui en ont rapporté de honteuses richesses que, dans ces derniers temps, ils employèrent à soudoyer la révolte et la trahison.

Ici le défenseur entre dans la discussion des faits imputés au général Debelle; il s'efforce d'en diminuer la gravité : il fait ressortir avec soin les circonstances atténuantes qui résultent des dépositions; il s'attache surtout à prouver que le général, ami de la chose publique et non de l'usurpateur, n'a usé de ses fonctions que pour maintenir l'ordre et la tranquillité dans son gouvernement; et il arrive à l'examen du degré de culpabilité que ces faits présentent.

Pour juger un événement extraordinaire, et qu'aucune loi n'avait pu prévoir, il a fallu établir une législation nouvelle. Cette législation se compose des actes émanés du Roi depuis son retour en France jusqu'à la loi d'amnistie. Tous consacrent ce principe qui en est la base, qu'il ne faut punir que les grands coupables, les auteurs, instigateurs de la révolte ; qu'il faut pardonner à ceux qui ne furent qu'égarés. L'ordonnance du 24 juillet, en désignant plusieurs individus comme coupables de ces crimes, ne déroge à leur égard, même aux formes constitutionnelles, que pour les seuls délits qu'elle spécifie ; si donc le conseil voulait juger le général Debelle sur d'autres délits que ceux qui sont énoncés en l'ordonnance du 24 juillet, il serait incompétent ; ce serait le conseil de guerre du lieu où ces délits auraient été commis qui devrait en connaître.

Or, quels sont les délits désignés par cette ordonnance ? La trahison, l'attaque à main armée du territoire français, l'usurpation avec violence de fonctions publiques ou militaires, avant le 23 mars 1815.

Le général Debelle a-t-il trahi avant le 23 mars ? Dans le sens grammatical, le mot trahison emporte l'idée d'abus de confiance. Or le général Debelle n'avait aucun emploi, le Roi ne lui avait rien confié. Il ne l'a donc point trahi.

A-t-il attaqué la France et le gouvernement à main armée ? Non, il n'a pas fait partie des troupes débarquées en France, ni d'aucun corps d'armée qui se soit mis en marche pour renverser le gouvernement ; car il n'existait plus lorsqu'il marcha. Dira-t-on qu'il a marché contre un prince de la famille royale. Mais ce n'est pas là attaquer le gouvernement. Le duc d'Angoulême voulait le relever, mais il ne le constituait pas. D'ailleurs sur ce point toutes les dépositions lui sont favorables. Bien loin d'attaquer à Montélimart, il manqua d'être tué par ses propres soldats, qu'il voulait retenir. Depuis il a licencié son monde, il n'a plus opposé aucun obstacle. C'est le 30 que l'affaire de Montélimart a eu lieu ; c'est le 31 qu'il a abandonné le commandement au colonel Noël.

S'est-il emparé du pouvoir *avec violence ?* Si des violences ont été pratiquées, ce n'est pas de lui qu'elles émanent ; il n'en peut être puni. En effet, à son premier voyage il trouve les autorités dans de bonnes dispositions pour le Roi, il les engage à y persister ; d'un seul mot il aurait pu insurger la garnison, qui, deux jours après, passa toute entière à Buonaparte : il se retire sans rien tenter. A son second voyage tout était consommé, la cocarde, le drapeau tricolore étaient arborés. Où donc est la violence ? où donc est le crime que l'ordonnance a voulu punir ?

Le défenseur trace le tableau de l'administration du général Debelle, concertée avec les chefs de l'autorité les plus dévoués au Roi, dans l'intérêt du bien public : il rappelle de quelle manière il a résisté aux ordres sanguinaires qu'il recevait journellement. Le décret du 23 mars lui ordonne de faire fusiller tout ce qui fait partie des bandes insurgées, l'identité reconnue. Quelle est sa conduite ? Me. Berryer cite les noms des nombreux royalistes que le général, au péril de ses jours, a arrachés à la fureur de ses soldats et des agens de Buonaparte.

Voilà, dit-il, les hommes qui, dans l'expression de leur vive reconnaissance, veulent signer de leur sang les certificats qui peuvent être utiles au général Debelle. C'est au milieu de tous ces loyaux citoyens, dont il a conservé les jours si précieux pour le Roi qui s'est environné d'eux, qu'il se présente à ses juges. Ah ! je n'en doute pas ; au milieu de cette glorieuse cohorte, il est invulnérable. Non, ce malheureux et vertueux général, dont la famille fournit, depuis plus de cinq cents ans, de fidèles appuis au trône, ne sera pas condamné sous le règne de notre bon Roi. Non, les dignes officiers français qui exercent la justice de ce prince, dont la clémence n'a été vaincue que par le besoin de venger les malheurs de l'Etat, ne condamneront point celui qui n'a fait que du bien, qui a prévenu tant de maux, et qui s'est volontairement présenté à leur tribunal. Le cri de l'honneur ne s'élève pas contre lui dans sa conscience ; il doit s'élever dans les vôtres en sa faveur.

N'oubliez pas, Messieurs, que le général Debelle est traduit devant vous en vertu de l'ordonnance du 24 juillet ; qu'il faut qu'il soit déclaré par vous coupable comme auteur et comme instigateur des délits qui y sont spécifiés. N'oubliez pas que le Roi a pardonné, et que S. M., *qui ne promet jamais en vain*, a promis de n'excepter du pardon que les auteurs et instigateurs de la révolte. Je le répète, c'est au nom du Roi que vous allez prononcer votre arrêt. Quand pour frapper un simple citoyen il est sorti du cercle accoutumé que tracent les lois, vous devez vous pénétrer de ses vrais sentimens. Prenez pour guides les paroles sacrées du Roi, interrogez ses vertus paternelles, loi vivante qu'invoquent tous les malheureux.

(Des applaudissemens se font entendre dans l'auditoire).

Mᵉ. Berryer fils a ensuite présenté les moyens justificatifs de son client.

Après M°. Berryer, M. Debelle a lu le discours suivant :

« Lorsque le Roi a été rendu aux vœux de la France, j'étais disgracié et persécuté depuis plusieurs années, et je vivais retiré dans un village du Dauphiné. Je bénissais la Providence d'avoir rendu à mon pays son souverain légitime, et je ne laissais échapper aucune occasion de faire connaître mon attachement à l'auguste famille des Bourbons, que j'avais servi dès ma première jeunesse.

» Lorsque Buonaparte fut entré dans Grenoble, il m'envoya dans un village l'ordre de prendre le commandement du département de la Drôme. Effrayé de cet ordre, et craignant de voir recommencer sur moi et sur ma famille les persécutions que j'avais éprouvées depuis cinq ans, je me suis rendu à Valence, seul et dans l'intention de me réunir aux autorités royales pour y maintenir la tranquillité. J'ai eu le bonheur d'empêcher les troubles et les réactions qui allaient avoir lieu dans ce département. J'ai plusieurs fois couru les plus grands dangers pour défendre les amis du Roi, et les mesures que j'ai prises ont donné à S. A. Mgr. le duc d'Angoulême la facilité d'entrer à Montélimart sans effusion de sang.

» Si j'ai eu la faiblesse d'obéir à un ordre de l'usurpateur, cette faute n'est-elle pas bien expiée par la conduite que j'ai tenue et les services que j'ai rendus à la cause royale? Une faiblesse, une erreur d'un moment ne trouveraient-elles pas grace devant des juges qui sont à même d'apprécier la pureté de mes intentions.

» La loi vous laisse la faculté de prononcer sur

Procès du général Debelle. 3

les intentions des accusés ; refuserez-vous de remplir son vœu envers un accusé qui n'a jamais été guidé que par l'amour du bien. Je m'abandonne entièrement à la clémence de notre auguste souverain, pour lequel je n'ai jamais cessé de faire des vœux. Heureux si je puis avoir l'occasion de lui prouver mon dévouement et ma fidélité, et faire oublier un instant de faiblesse par la dernière goutte de mon sang. J'attends mon arrêt. *Vive le Roi!* »

Le président suspend la séance pour quelques instans.

Le conseil ayant repris sa place, le président demande au général si c'est lui qui a donné l'ordre de défendre le pont de la Drôme ?

Non, ce n'est pas moi.

Qui a donné cet ordre ?

Ce n'est pas moi ; je ne me le rappelle pas.

Avez-vous quelques motifs à ajouter à votre défense ?

Je n'ai plus rien à dire.

Le conseil étant suffisamment éclairé, se retire pour délibérer. Il est quatre heures et demie.

A 8 heures moins un quart la séance est reprise, et le président prononce le jugement suivant :

« Le conseil délibérant à huis clos, seulement en présence de M. le procureur du Roi, M. le président a posé les questions ainsi qu'il suit : Le maréchal-de-camp Debelle accusé, 1°. de s'être saisi, du 9 au 15 mars dernier, sans droit ni pouvoir légitime, du commandement du département de la Drôme, et particulièrement de la ville de Valence, est-il coupable ? 2°. D'avoir coopéré à des mouvemens militaires hostiles, en levant ou faisant lever des troupes armées et en les dirigeant contre les troupes restées fidèles au Roi, est-il coupable? Le deuxième conseil de guerre permanent de la première division militaire déclare à l'unanimité, sur la première question, et à la majorité de six voix sur la seconde : Oui, le maréchal-de-camp Debelle est coupable. Sur quoi M. le procureur du Roi ayant requis l'application de la peine, le conseil a condamné le général Debelle, en réparation des crimes ci-dessus, à la peine de mort, à être dégradé de la Légion d'honneur, aux frais de la procédure et à l'affiche du jugement. »

Un acte de clémence émané de la puissance du souverain, commande par lui-même l'admiration et l'amour; il peut néanmoins recevoir des circonstances qui l'accompagnent un nouvel éclat et un caractère plus touchant. Tel est celui que S. M. vient d'exercer à l'égard du général Debelle, condamné à la peine de mort, commuée en une détention de dix ans.

Le crime du général avait été dirigé contre Mgr. le duc d'Angoulême et contre les troupes royales qu'il commandait; la personne auguste du prince avait été menacée, sa vie mise en danger, sa liberté compromise; c'est lui cependant qui a eu la générosité de demander le premier la grace du condamné. D'après la marche ordinaire de ces sortes d'affaires, un rapport ministériel devait être fait au Roi; les sollicitations empressées de S. A. R. ont rendu ces formalités superflues; le Roi, applaudissant à la noble vengeance du prince son neveu, et cédant sans·effort à la douce violence que S. A. R. lui faisait : « Je » n'ai pas besoin de rapport, a dit S. M.; mon » neveu demande la grâce du sieur Debelle, je » l'accorde, tout est dit. »

Ainsi, la grandeur d'âme et la clémence assises sur le trône, se montrent également sur ses premiers degrés ; et les mêmes vertus qui font aujourd'hui le bonheur de la France, reproduites par une transmission héréditaire dans le cœur de tous les descendans de Henri IV, assurent à nos derniers neveux la perpétuité de ce régime paternel et doux, dont le souvenir de nos calamités récentes leur fera de plus en plus apprécier les avantages.

De l'Imprimerie de DOUBLET, rue Gît-le-Cœur. n°. 7.

www.ingramcontent.com/pod-product-compliance
Lightning Source LLC
Chambersburg PA
CBHW061349050726
47595CB00005B/2145